ÉLOGE

DE

M. BOULEY Jeune

ANCIEN RÉPÉTITEUR A L'ÉCOLE D'ALFORT
MÉDECIN VÉTÉRINAIRE A PARIS, MEMBRE DE L'ACADÉMIE DE MÉDECINE
MEMBRE FONDATEUR
DE LA SOCIÉTÉ CENTRALE DE MÉDECINE VÉTÉRINAIRE, ETC.

PRONONCÉ

A LA SOCIÉTÉ CENTRALE DE MÉDECINE VÉTÉRINAIRE

Dans sa séance solennelle du 19 décembre 1875

Par M. H. BOULEY

SECRÉTAIRE GÉNÉRAL
MEMBRE DE L'INSTITUT ET DE L'ACADÉMIE DE MÉDECINE, INSPECTEUR GÉNÉRAL
DES ÉCOLES VÉTÉRINAIRES

ÉVREUX

DE L'IMPRIMERIE DE CHARLES HÉRISSEY

—

1876

ÉLOGE

DE

M. BOULEY JEUNE

ÉLOGE

DE

M. BOULEY Jeune

ANCIEN RÉPÉTITEUR A L'ÉCOLE D'ALFORT
MÉDECIN VÉTÉRINAIRE A PARIS, MEMBRE DE L'ACADÉMIE DE MÉDECINE
MEMBRE FONDATEUR
DE LA SOCIÉTÉ CENTRALE DE MÉDECINE VÉTÉRINAIRE, ETC.

PRONONCÉ

A LA SOCIÉTÉ CENTRALE DE MÉDECINE VÉTÉRINAIRE

Dans sa séance solennelle du *19 décembre 1875*

Par M. H. BOULEY

SECRÉTAIRE GÉNÉRAL
MEMBRE DE L'INSTITUT ET DE L'ACADÉMIE DE MÉDECINE, INSPECTEUR GÉNÉRAL
DES ÉCOLES VÉTÉRINAIRES

ÉVREUX

DE L'IMPRIMERIE DE CHARLES HÉRISSEY

1876

ÉLOGE

DE

M. BOULEY JEUNE

Messieurs,

Je vais faire aujourd'hui une chose assez peu usitée : l'homme dont je me propose de vous retracer la vie scientifique et professionnelle est M. Bouley jeune. Si nous étions au lendemain du jour de sa mort, je ne me trouverais pas sans doute dans des dispositions d'esprit qui me permissent d'accomplir mon dessein. Mais vingt ans déjà se sont écoulés depuis que M. Bouley jeune a été enlevé à la Société centrale de médecine vétérinaire dont il avait été l'un des fondateurs; et, après un temps aussi long, nos morts ne vivent plus en nous que par le charme des souvenirs. Aussi bien, du reste, il m'a semblé qu'il n'était pas juste que l'un des membres de cette

Société, qui a le plus mérité qu'on racontât sa vie, pour la donner en exemple à tous, fût indéfiniment privé de cet honneur, parce que, depuis vingt ans, son fils a dû à vos suffrages persévérants de demeurer votre secrétaire général.

C'est ce qui m'a décidé, Messieurs, à la résolution que je vais accomplir; je suis persuadé que vous lui serez sympathiques, car M. Bouley jeune est un des hommes auxquels notre profession est le plus redevable. Mais si on le cherchait seulement dans son œuvre écrite, on ne le trouverait pas tout entier; il faut le voir dans l'ensemble de sa vie, dans l'ensemble de ses actions, dans l'influence si considérable qu'il a exercée, pendant près de cinquante ans, sur notre monde professionnel par son exemple, par ses relations sociales, par son rôle dans les Sociétés savantes, dans les Commissions; par ses écrits; et pourquoi oublierais-je de le dire? par le rayonnement de cette maison hospitalière de la rue de Normandie, aux réunions de laquelle présidait une femme d'un esprit distingué qui, elle aussi, n'a pas été sans sa part d'influence dans le mouvement de progrès dont M. Bouley jeune a été l'un des actifs promoteurs. Témoin de ce passé déjà lointain, qui mieux que moi pourrait vous raconter l'histoire de ceux qui l'ont vécu, et qui, par leur valeur, comme par la dignité de leur vie, ont tant contribué à relever notre profession dans la considération publique et à lui donner enfin le rang qu'elle occupe aujourd'hui ? On ne peut bien apprécier les difficultés de leur lutte qu'en voyant d'où ils sont partis et où ils nous ont conduits.

M. Jean-François Bouley était né le 12 septembre 1787, non pas à Paris, comme M. Renault l'a dit par erreur dans la notice nécrologique lue sur sa tombe, mais à Montbard, où son père exerçait le métier de maréchal ferrant. Sa famille était trop pauvre pour avoir pu lui faire donner cette éducation classique dont parle M. Renault, trompé sans aucun doute, non pas par les apparences, mais par ce qu'était en réalité M. Bouley au moment où commencèrent ses premiers rapports avec lui, en 1825. Son père, étant venu s'établir à Paris vers 1790, le fit placer, quand il fut en âge, dans un pensionnat de quartier où il apprit les premiers éléments et reçut une légère teinture de latinité; mais M. Bouley jeune était du nombre des hommes qui savent se compléter eux-mêmes, et il était arrivé par de fortes études, surtout de nos auteurs français, à s'armer de cette solide instruction qui, dans les luttes de la vie, est une des plus grandes conditions du succès. Entré à l'École d'Alfort au mois d'octobre 1805, il en sortit, le premier, en 1808, après avoir obtenu les premières récompenses dans le cours de ses études. De toutes ces récompenses qu'il dut à son travail, celle dont M. Bouley conserva le plus vivace souvenir fut le titre de répétiteur. C'était la plus haute distinction à laquelle un élève pût arriver; elle le mettait hors de pair et lui assignait dans l'enseignement un rôle qui ne laissait pas d'avoir une grande importance, tout à la fois, et pour l'ensemble des élèves et pour le jeune homme qui, sorti de leurs rangs par le concours, se trouvait, par cela même, revêtu du prestige que donne une dignité obtenue par le mérite personnel.

M. Bouley jeune était aussi fier de son année de répétitorat de clinique qu'un Romain de son temps de consulat; et ce n'était pas seulement un amour-propre bien placé qui lui inspirait ce sentiment, c'était quelque chose de plus élevé : il avait pour l'enseignement une sorte de culte et pour ceux qui en remplissaient les fonctions une vénération profonde : ce lui paraissait la plus belle des missions qu'un homme pût remplir que celle d'initier les autres à la connaissance, et il considérait comme un des grands honneurs de sa vie d'avoir participé à ce rôle, même au simple rang de répétiteur, et dans le court espace de douze à quatorze mois. Dans deux notes de sa main, que j'ai retrouvées dans ses papiers, l'une à l'adresse de M. Yvart, l'autre à celle de M. Bousquet, de l'Académie de médecine, M. Bouley ne manque pas de rappeler ces fonctions de répétiteur à l'École d'Alfort, qu'il faisait valoir comme un titre principal parmi tant d'autres qu'il avait obtenus.

Ce respect, que M. Bouley professait pour les maîtres de l'enseignement, s'associait à un sentiment de reconnaissance profonde et toujours vive pour ceux qui avaient été les siens. La plupart étaient devenus ses amis. Mais jamais, même après un long temps écoulé depuis sa sortie de l'École, jamais, même dans les rapports de la plus étroite intimité, il n'oublia de se montrer, envers eux, plein de déférence ; ils étaient toujours ses maîtres à ses yeux, et lorsque la mort les détachait de lui, il maintenait toujours le titre de *monsieur* associé à leur nom, quand il parlait d'eux ou de leurs œuvres. Chabert, le plus ancien de ses maîtres, était resté pour lui M. Chabert, de même M. Girard et M. Dupuy, de même M. Verrier. Ce dernier nom est bien obscur ; l'homme qui le portait n'a laissé parmi nous presque aucune trace ; mais il était professeur de clinique à l'époque où M. Bouley devint répétiteur attaché à sa chaire, et il avait inspiré à son élève une si grande estime par son habileté pratique et par son caractère, que jamais son souvenir ne s'effaça de son esprit comme de son cœur. Si je rappelle ici cette particularité, c'est qu'elle constitue un trait de caractère qui se retrouve dans un des savants les plus illustres de l'Académie des sciences ; pour lui le respect des maîtres se traduit de la même manière, et dans son langage, le titre de *monsieur* se trouve toujours associé aux grands noms des Lavoisier, des Berthollet, des Cuvier, des Geoffroy Saint-Hilaire, des Ampère, etc., etc.

M. Bouley jeune avait vingt et un ans lorsque, ses études achevées, il quitta l'École pour venir s'établir à Paris, dans la maison qu'avait bâtie son père et qu'il conserva religieusement, telle qu'il la lui avait laissée, sans autres changements que quelques aménagements intérieurs. Cette maison, si petite et si incommode qu'elle fût, était destinée à devenir, dans notre monde professionnel, un de ces centres de la vie parisienne où s'agitent dans des conversations familières toutes les questions actuelles de la science, de la littérature, de la politique, etc.

Mais avant de faire de sa maison ce centre de ralliement, où l'École d'Alfort devait avoir une part principale, M. Bouley jeune avait à se faire sa place à lui-même ; non pas que les difficultés de la concurrence fussent alors ce qu'elles sont aujourd'hui. Mais il y avait des habitudes avec lesquelles il fallait rompre ; il y avait un titre à acquérir, celui de *monsieur*, qui était hors d'usage chez un grand nombre de personnes, à l'égard de celui qui exerçait l'humble profession de traiter et de ferrer les chevaux ; il fallait se faire sa considération, non pas en la réclamant par des paroles, mais en l'imposant insensiblement par l'autorité de sa personne.

M. Bouley jeune avait tout ce qu'il fallait pour remplir cette tâche qui, à la distance où nous sommes, peut paraître n'avoir pas été bien difficile, mais qui, en réalité, ne laissa pas que de l'être, car il y avait à ménager les préjugés de deux classes : celle d'en bas dont il fallait sortir et celle d'en haut vers laquelle il fallait s'élever. Le secret de la réussite de ceux qui ont été nos devanciers, comme M. Bouley jeune, M. Barthélemy aîné, M. U. Leblanc, M. Vatel, — je cite les plus éminents, — a été le grand respect qu'ils avaient d'eux-mêmes : sentiment nécessaire pour la bonne conduite de la vie, surtout dans un pays d'égalité comme le nôtre, car c'est par lui que s'établit comme d'elle-même la hiérarchie sociale. M. Bouley jeune avait ce sentiment très-développé, mais heureusement associé à une grande affabilité, en sorte que, tout naturellement et sans en être froissés, les ouvriers comprirent que la familiarité n'était plus de mise avec lui, comme elle l'était avec son père, ouvrier comme eux. De là de nouveaux rapports, bien différents de ceux qui existaient dans la maison entre les ouvriers et leur premier patron.

Voyons maintenant M. Bouley jeune à l'œuvre de sa clientèle. Sa fonction de répétiteur de clinique, sous un opérateur habile comme l'était M. Verrier, l'avait mis à même d'acquérir une expérience chirurgicale de beaucoup supérieure à celle que l'on peut avoir en sortant de l'École, dans les conditions où se trouvent la grande majorité des élèves. Pour lui « la *valeur* n'avait pas attendu le nombre des années », grâce à cet apprentissage exceptionnel qu'il avait pu faire à la clinique d'Alfort; grâce aussi à sa dextérité naturelle que l'exercice de la forge avait beaucoup contribué à développer.

C'étaient là des conditions excellentes de réussite, à une époque surtout où les errements de l'ancienne hippiâtrie avaient été presque abandonnés, et où la chirurgie, instituée par les Écoles, avait substitué presque complétement ses procédés aux pratiques souvent aveugles et excessives des hippiâtres.

Mais M. Bouley jeune n'était pas seulement un chirurgien habile; c'était aussi un observateur plein de sagacité, comme en témoignent les Mémoires et les Observations qu'il a publiés. Son jugement sûr le conduisait à une perception nette des choses et lui donnait cette faculté qu'on a appelée le « tact médical », qui participe de l'intuition dans une certaine mesure, car celui qui la possède arrive souvent à la connaissance, non pas sans doute par le regard exclusif de l'esprit, mais à première vue, à première impression, parce que l'expérience bien acquise des choses fait qu'il les reconnaît de primesaut, et souvent à un seul de leurs signes.

Un autre secret de sa grande réussite a été le scrupule qu'il mettait à suivre les malades confiés à ses soins, l'attention avec laquelle il les surveillait, les mille et un soins qu'il voulait qu'on leur prodiguât. A cet égard, il poussait les choses à des limites qui souvent nous paraissaient extrêmes; quand un malade était dans ses infirmeries, sous sa surveillance immédiate, il occupait une place dans son esprit, proportionnelle à la gravité de son mal; souvent même, et par toutes saisons, il se levait la nuit, pour se rendre compte de son état et lui donner les soins qu'il pouvait réclamer. Quand il recevait chez lui la visite amicale de confrères en qui il avait confiance, il voulait s'éclairer de leurs lumières; heureux et rassuré quand il recevait d'eux un avis conforme au sien, ce qui était le plus ordinaire; ne se rendant pas toujours lorsqu'il était contraire, mais sachant s'en inspirer pour soumettre son malade à un examen plus attentif encore, et se rendant de bonne foi, quand il avait reconnu qu'effectivement il avait fait erreur. Ceux d'entre vous, Messieurs, qui ont connu M. Bouley jeune, et qui l'ont vu à l'œuvre, savent qu'il n'y a rien d'exagéré dans le portrait que j'essaye de vous en tracer. Jamais homme ne fut plus que lui esclave; dans l'acception stricte du mot, de ce qu'il considérait comme son devoir, et, dans les grandes comme dans les plus petites choses, il s'y montrait également fidèle. Pour nous, cette grande rigueur de vertus nous paraissait souvent excessive et, dans l'intimité de la famille, elle ne laissait pas que de fournir matière à quelques douces railleries; mais M. Bouley jeune ne s'en émouvait pas, et toujours, dans tous les temps, à toutes les périodes de sa vie, même quand il semblait, pour parler le langage de Don Diègue, que « l'âge dans ses nerfs avait dû faire couler sa glace », toujours il resta scrupuleux observateur de son devoir, l'accomplissant toujours sans jamais s'en lasser.

Aussi avait-il su inspirer à ses clients la confiance la plus illimitée; et lorsque, sous la Restauration et le règne de Louis-Philippe, les nobles habitants du Marais abandonnèrent peu à peu leurs antiques hôtels pour aller dans le faubourg Saint-Germain et dans la Chaussée-d'Antin, ils conservèrent leur confiance à M. Bouley jeune, dont la clientèle rayonna ainsi sur presque tout Paris. Malgré cela, cependant, malgré les occupations si étendues que lui donnaient le nombre et la dispersion de ses clients, M. Bouley jeune ne se laissa pas absorber exclusivement par la pratique, et il trouva le temps, tout à la fois, de suffire à toutes ses exigences avec une ponctualité rigoureuse et de publier encore un certain nombre de travaux marqués de cette solide empreinte que donne l'étude expérimentale des choses.

Cette œuvre écrite de M. Bouley jeune, dont je vais passer en revue les parties principales, lui marque et lui conservera toujours un premier rang, dans cette pléiade de praticiens savants de la première moitié de ce siècle, dont les efforts ont si fortement contribué à donner à notre profession le caractère scientifique qu'elle a revêtu.

Presque tous les travaux de M. Bouley jeune ont été publiés dans le *Recueil de médecine vétérinaire*, qu'il contribua à fonder en 1824, avec le fils d'un de ses maîtres préférés, Narcisse Girard, auquel il était lié par les liens de la plus étroite amitié.

Ch. Bell et Magendie venaient de faire connaître leurs expériences sur le système nerveux.

Il y a des nerfs de la sensibilité; il y a des nerfs du mouvement; il y a des nerfs mixtes; et les attributs simples ou complexes des nerfs sont en rapport avec leur mode d'origine. Les nerfs mixtes ont une double racine; les autres n'en ont qu'une.

Voilà la grande découverte physiologique à laquelle se rattachent les noms de Bell et de Magendie.

Le hasard de la clinique met sous les yeux de M. Bouley jeune un cheval qui présentait les symptômes d'une paralysie postérieure. Tandis qu'il s'agitait incessamment des membres antérieurs, ceux de derrière restaient presque sans mouvement. Mais la sensibilité subsistait; un séton ayant été mis à chaque fesse, l'animal témoigna beaucoup de douleur pendant cette opération et fit les plus violents efforts pour s'y soustraire, quoique les membres postérieurs restassent paralysés. « Cette extrême sensibilité, jointe à la perte totale du mouvement, me parurent dignes d'être observées, dit M. Bouley jeune, et je me proposai de suivre ce malade avec la plus grande attention, de noter les changements qui pourraient survenir et surtout de faire une ouverture minutieuse dans le cas où il viendrait à périr. »

Le lendemain, au milieu des symptômes aggravés, qui annonçaient une mort prochaine, l'excitation des régions supérieures des membres avec un instrument acéré mit en évidence la conservation de la sensibilité à un très-haut degré et l'impuissance absolue des mouvements. L'autopsie fit constater que « toute la partie inférieure de la moelle était ramollie et diffluente dans la région lombaire, tandis que la supérieure n'offrait aucune lésion. »

M. Bouley jeune cite cette observation clinique comme confirmative des vues de Magendie sur les fonctions respectives des cordons antérieur et postérieur de la moelle.

Une autre observation, rapportée dans ce petit Mémoire, est relative à une blessure profonde du côté droit de la face, sur un cheval qui s'était emporté. La crête zygomatique était fracturée et le masséter déchiré de haut en bas dans toute son étendue. Quarante jours après, cette plaie était cicatrisée, mais les muscles de la face restèrent paralysés, quoique la sensibilité fût conservée.

Voilà confirmées par un fait accidentel les belles expériences de Ch. Bell.

Ce premier travail a de l'intérêt par la tendance dont il témoigne de chercher dans l'anatomie pathologique et dans la physiologie l'interprétation des faits cliniques. Quand cette interprétation ne pouvait pas être donnée, M. Bouley jeune voulait qu'on s'abstînt des hypothèses « dont la manie, disait-il, avait été une des principales causes qui s'étaient opposées aux progrès de la médecine vétérinaire. » Dans les cas obscurs, raconter naïvement les faits tels qu'ils sont, les dépouiller de toute explication, étudier avec soin les lésions, chercher à apprécier l'influence que ces lésions ont pu exercer sur les phénomènes de la maladie et attendre que d'autres observations de la même nature viennent donner la signification de celles qui les précèdent : voilà les principes qu'il expose dans l'entête d'une observation relative à une *amaurose déterminée par une indigestion vertigineuse,* publiée dans le premier volume du *Recueil* (1824).

Je ne fais que signaler quelques observations cliniques pleines d'intérêt, publiées dans les volumes suivants, notamment un *cas d'invagination de cœcum dans le côlon* (1826), le premier fait de cette nature, je crois, qui ait été consigné ; une série d'observations sur les *maladies des ovaires dans la jument;* un cas de rupture des *ligaments capsulaires et inter-osseux du genou;* pour arriver immédiatement à un travail principal de M. Bouley jeune : son Mémoire sur les *maladies de la moelle épinière et de ses enveloppes chez le cheval.*

Cette monographie, car c'en est une, quoique son auteur, dans sa modestie, se défende de lui donner ce nom, avait le grand mérite, à l'époque où elle a paru, de constituer une œuvre tout à fait originale. Chose singulière ! cette maladie du cheval, la paralysie de l'arrière-train, que nous savons, aujourd'hui, être une maladie si fréquente, avait passé, on peut dire, inaperçue sous les yeux des devanciers de M. Bouley jeune. On ne saurait en trouver la trace dans les ouvrages de l'hippiâtrie, et c'est à peine si on la rencontre dans les écrits postérieurs à la fondation des Écoles. Elle existait, cependant, mais on ne la voyait pas, ou plutôt on ne savait pas la distinguer des manifestations des douleurs abdominales, des coliques, avec lesquelles on la confondait. C'est donc bien M. Bouley jeune qui nous l'a fait connaître dans ce Mémoire remarquable où il éclaire, par l'anatomie et la physiologie, la maladie qu'il se propose d'étudier ; et fidèle aux principes qu'il a posés, rattache les symptômes à l'anatomie pathologique et en donne ainsi l'interprétation.

Sans doute que M. Bouley s'est trompé lorsqu'il a pensé que, dans tous les cas où un cheval était réduit à l'impuissance de se mouvoir par la paralysie de son arrière-train, les symptômes procédaient toujours d'une lésion congestive ou inflammatoire de la moelle ou de ses enveloppes ; et quand, préoccupé d'elles exclusivement, il a méconnu celles qui avaient leur siége dans les nerfs fémoraux antérieurs. Mais s'il n'a vu qu'une partie de la vérité, le mérite lui reste toujours d'avoir soulevé le voile sous lequel jusqu'alors elle s'était dérobée à tous les yeux.

Voici un autre filon, découvert par M. Bouley jeune, qui porte témoignage de sa perspicacité clinique. Combien souvent est obscur le diagnostic des claudications quand aucune modification dans la forme extérieure des parties, aucune modification, non plus, dans leur sensibilité ne vient mettre sur la voie de la région où siége le mal et de la nature de la cause qui peut le déterminer. L'attention de M. Bouley jeune est appelée, en 1831, sur une jument qui présentait les symptômes les plus étranges; elle boitait par intermittence d'un membre postérieur, le droit, mais d'une manière tellement intense, après un certain temps d'exercice rapide, qu'elle était réduite à l'impuissance de se tenir sur son membre malade, et qu'elle se laissait tomber, en manifestant par son expression physionomique et toute son habitude extérieure qu'elle était en proie aux plus vives douleurs. Mais tout cet ensemble symptomatique, d'une si extrême intensité, était cependant éphémère. Au bout d'une heure de repos il disparaissait, et la jument récupérait, comme par enchantement, et son aptitude locomotrice et toutes les apparences de la santé : à la condition toutefois qu'on ne la soumît pas à un nouvel exercice, car ces apparences étaient éphémères aussi ; à peine la bête était-elle exercée pendant dix minutes que, tout à coup, la boiterie se manifestait de nouveau avec toute sa cohorte de symptômes si alarmants. Quelle en était la signification ? D'où procédait cette boiterie intermittente, dont la cause, susceptible de s'accuser par des souffrances d'une extrême intensité, quand on forçait l'animal à se mouvoir à une allure rapide, le laissait dans une complète indifférence pendant la période du repos ? Aujourd'hui, Messieurs, la réponse à cette question ne nous cause aucun embarras, car rien n'est obscur pour nous dans le tableau symptomatique que M. Bouley jeune a tracé de main de maître ; mais, en 1831, cet ensemble de symptômes était absolument énigmatique. Rien n'existait, dans nos annales, dont on pût s'inspirer pour deviner le mot de cette énigme. Heureusement que l'état de cette jument s'aggrava ; que la boiterie, localisée d'abord à un seul membre postérieur, s'attaqua aux deux et qu'enfin la paralysie survint, ou du moins quelque chose qui la simulait, et qui se termina par la mort.

L'autopsie put être faite ; elle eut lieu quinze heures après la mort, dans cet horrible charnier de Montfaucon, où l'on ne trouvait rien qui pût permettre une recherche minutieuse ; où tout ce que l'on voyait, ces lacs immondes dont on était entouré, l'air chargé des plus infectes émanations, tout enfin ne pouvait inspirer que le plus profond dégoût et le plus ardent désir d'échapper le plus vite possible à toutes ces malsaines influences. Si je rappelle ces détails, Messieurs, ce n'est pas par amour du pittoresque ; c'est parce qu'ils donnent une idée des difficultés de toute nature que l'on rencontrait alors, — les choses n'ont pas beaucoup changé depuis, — à faire des recherches nécropsiques consciencieuses, et qu'ils rehaussent le mérite de ceux qui, malgré tant d'empêchements, ont fait contribuer l'anatomie pathologique à l'éclaircissement des faits de notre médecine. M. Bouley jeune était de ce nombre ; il savait surmonter ses dégoûts quand il avait devant lui un problème dont l'anatomie pathologique pouvait lui donner la solution et, dans cette circonstance, son obstination à poursuivre son but l'a bien servi. L'examen des cavités abdominale et thoracique ne lui avait fait rien reconnaître d'anormal. Rien non plus, celui du cerveau et de la moelle épinière. Quelques arborisations plus accusées que d'ordinaire sur l'arachnoïde de la région lombaire pouvaient mettre en défaut un observateur qui aurait eu hâte de conclure. Mais M. Bouley jeune ne se laissa pas prendre à ces apparences ; et ne trouvant rien là où il avait cherché, il songea à examiner avec soin les nerfs et les vaisseaux des membres postérieurs. La dissection poursuivie dans ce sens lui permit de constater un premier fait anormal : sur le membre droit, dans une étendue de 20 centimètres en longueur sur 10 en largeur, les muscles de la face interne de la cuisse étaient décolorés et transformés en une masse homogène dans laquelle on retrouvait à peine la texture fibrillaire. Sur les nerfs aucune altération ; mais il n'en était pas de même de l'artère fémorale : « Ce vaisseau, d'un volume triple de l'état naturel, présentait, dans le point correspondant à l'altération musculaire, une tumeur fusiforme d'une étendue de 18 centimètres environ. Elle était formée par un caillot fibrineux qui remplissait son canal et l'obstruait complétement. Au moyen d'un tissu anormal, rougeâtre, ce caillot adhérait, à sa partie supérieure, d'une manière intime à la face interne du vaisseau ; il avait aussi contracté de la même manière plusieurs autres adhérences dans sa portion moyenne, tandis qu'il était libre et flottant à son extrémité inférieure... »

Sur le membre gauche, aucune lésion musculaire ; mais l'artère fémorale présentait les mêmes lésions que la droite, dans une moindre étendue : 12 centimètres environ.

Ces lésions reconnues, M. Bouley jeune

interprète par elles, avec une grande sûreté de jugement, les symptômes étranges qu'il a observés pendant la vie. Le mot de l'énigme est trouvé et il le donne : « Maintenant, dit-il, que ces lésions sont connues, il sera facile, ce me semble, d'expliquer les singuliers symptômes que présentait la jument qui fait le sujet de cette observation. Lorsque cette bête était au repos, les nombreuses anastomoses qui existent, surtout entre les branches de la fémorale et celles de la souspubio-fémorale, suffisaient à l'entretien de la vie ; mais aussitôt qu'on accélérait la circulation par la marche, ces anastomoses cessaient de fournir une suffisante quantité de sang, et les parties inférieures des membres, privées de ce stimulus, étaient frappées d'un engourdissement et d'une douleur profonde qui faisaient naître tous les symptômes qu'on observait. »

Rien de plus juste que cette explication ; elle s'adapte parfaitement à ce que l'on sait aujourd'hui sur les conditions de la contraction musculaire. En définitive, la contraction veut du sang pour s'effectuer ; lorsque le sang lui manque, les muscles sont frappés d'inertie, en même temps qu'ils deviennent le siége d'une sensation douloureuse, dont nous pouvons avoir une idée par celle que nous éprouvons lorsqu'une fausse position met obstacle à la complète liberté de la circulation dans les artères d'un de nos membres.

Ce que M. Bouley jeune avait observé dans la région limitée d'un membre, notre confrère M. Goubaux a été à même de le voir plus en grand, à la suite de l'oblitération de l'aorte postérieure, en avant de sa bifurcation, et notre science lui est redevable d'importants travaux sur ce sujet plein d'intérêt. Ces travaux de M. Goubaux ont été pour M. Bouley jeune un motif de très-légitime satisfaction, car il pouvait les revendiquer, non comme siens à coup sûr, mais comme une suite du sien, comme une continuation de son œuvre et une démonstration de la justesse de ses idées, et aussi de leur fécondité. Je suis sûr de me trouver en parfaite conformité de vues et de sentiments avec M. Goubaux lorsque j'établis cette filiation entre lui et son éminent devancier.

Il est une autre claudication du cheval, dont M. Bouley jeune nous a encore fait connaître le secret : c'est celle qui simule assez la fracture du tibia, pour qu'à première vue il soit possible qu'on s'y laisse prendre, quand on se contente d'examiner l'animal à distance, dans l'immobilité, et que le membre boiteux est maintenu suspendu au-dessus du sol par la rétraction des muscles de la cuisse.

Cette variété de claudication n'était qu'oubliée cependant, car Solleysel l'avait vue et bien décrite. Il en avait aussi reconnu les causes ; il s'était trompé seulement sur son siége réel, qu'il plaçait dans la corde du jarret, parce que la déformation de cette corde est effectivement, on le sait, un des caractères objectifs les plus marqués de la lésion dont cette boiterie procède.

Mais, malgré la description si fidèle que Solleysel en avait donnée, personne ne la connaissait plus ; et lorsque M. Bouley jeune la retrouva, sans rien savoir de ce qu'en avait dit le vieux maître du xviie siècle, il pouvait bien croire qu'il l'avait trouvée, et tout le monde le crut avec lui. Conduit par la lumière de la cause, comme dirait M. Jules Guérin, il ne se méprit pas sur son siége, ainsi qu'avait fait Solleysel, et il le fixa dans la région antérieure de la jambe. Cette induction du clinicien fut confirmée par Rigot, qui en démontra la justesse par l'expérience tout à fait concluante de la section de la corde du tibio-prémétatarsien. Conduit, lui, par les lumières de l'anatomie, Rigot avait vu immédiatement, avec une très-grande netteté, ce qui était resté un peu indécis dans l'esprit du praticien, qui ne pouvait pas avoir une vision aussi nette des choses qu'un anatomiste, et qu'un anatomiste comme était Rigot, ingénieux et sagace, cherchant toujours le pourquoi des dispositions qu'il observait, c'est-à-dire s'efforçant toujours d'interpréter l'anatomie par la physiologie.

Dans un Mémoire qui est relatif à une autre espèce de claudication du cheval, mais qui a une plus haute portée, parce qu'il est confirmatif d'une loi générale de la pathologie, M. Bouley jeune a eu le mérite de saisir le rapport, avant lui inaperçu, dans notre médecine, qui existe entre certaines inflammations viscérales, comme la pleurésie et la pleuro-pneumonie, et des inflammations synoviales consécutives qu'on voit se manifester chez le cheval, dans les régions des membres, au bout d'un délai plus ou moins long : après avoir fait connaître d'une manière générale les caractères de ces inflammations et reproduit quelques observations pour bien les préciser, M. Bouley jeune, s'inspirant de l'analogie, voit dans les synovites consécutives aux maladies de poitrine, chez les chevaux, le pendant des affections rhumatismales qui, chez l'homme, viennent souvent compliquer les inflammations viscérales. La synovite aiguë du cheval peut donc être considérée, suivant lui, comme une affection de nature rhumatismale. Mais il y a cette différence entre la marche des maladies, dans l'une et l'autre espèce, que, tandis que chez l'homme les manifestations extérieures de la diathèse rhumatismale préexistent presque toujours aux manifestations viscérales; chez le cheval, c'est l'évolution inverse que l'on observe : les synovites n'apparaissent qu'a la suite de la pleurésie ou de la pleuro-pneumonie, et, dans la plupart des cas, lorsque déjà une, deux ou trois semaines se sont écoulées depuis l'extinction de l'inflammation pleurale. Malgré cette différence, qui n'est pas fondamentale, les similitudes restent et dominent dans les deux affections ; dans l'une et l'autre espèce, elles ont des traits communs et peuvent être considérées comme l'expression d'une même diathèse. Étant donnée l'inflammation d'une membrane séreuse, cette inflammation a une certaine tendance à se répéter sur des tissus similaires : voilà la loi pathologique générale que les observations de M. Bouley jeune ont contribué à établir.

Les différents Mémoires dont je viens de vous rendre un compte quelque peu détaillé portent le cachet d'une véritable originalité. Ils font voir à l'œuvre le clinicien plein de sagacité, qui sait saisir les réalités sous les apparences, parce que son esprit est toujours en éveil derrière ses yeux, ou, autrement dit, parce qu'il sait observer.

Maintenant, si je voulais suivre encore,

pas à pas, M. Bouley jeune dans la série des travaux cliniques dont notre science lui est redevable, je courrais le risque de sortir de la mesure, c'est-à-dire de lui manquer à lui-même, en vous occupant de lui jusqu'au point de lasser votre attention. Je ne ferai donc que marquer d'un trait ces autres travaux dont je dois me borner à ne vous faire presque que l'énumération.

Sept chevaux d'un voiturier meurent empoisonnés accidentellement par l'arséniate de potasse. Cet événement fut pour M. Bouley jeune l'occasion d'une très-belle et très-solide étude. Dans un premier Mémoire dont il donna communication à l'Académie de médecine (séance du 21 octobre 1834), il exposa les symptômes et les lésions déterminés par cet empoisonnement; et dans un second il rendit compte, quelques mois après, en mars 1835, de la série des expériences qu'il avait faites sur l'hydrate de peroxyde de fer, que Bunzen et Berthold, de Gœttingue venaient de préconiser comme antidote certain contre les empoisonnements par l'arsenic. L'Académie ne se contenta pas de donner son approbation aux conclusions de ce dernier travail. Elle lui fit l'honneur exceptionnel d'en voter l'insertion dans ses propres *Mémoires*.

En 1837, M. de Nanzio, directeur de l'École vétérinaire de Naples, préconise un nouveau mode de cautérisation pour remédier aux claudications qui sont supposées procéder des régions supérieures. Le Mémoire où cette méthode est exposée a été l'objet d'un rapport fait à l'Académie de médecine, dans lequel M. Bouley jeune a rendu compte d'expériences cliniques qui semblaient témoigner en faveur de cette nouvelle méthode.

Dans cette même année 1837, l'Académie de médecine fut saisie par M. le docteur Amussat de l'importante question des accidents qui peuvent résulter de l'introduction de l'air dans les veines. Ce fut pour M. Bouley jeune l'occasion de faire connaître un premier fait d'introduction accidentelle de l'air dans la jugulaire pendant la saignée, que le professeur Verrier avait observé en 1806, et de rendre compte, avec détail, d'un fait identique qu'il avait observé lui-même, dans les mêmes conditions, en 1819. Enfin une troisième observation, sur le même sujet, fut communiquée par lui à l'Académie en 1839.

L'année 1837 est restée fameuse, dans les annales de la médecine, par la démonstration définitive et sans appel de la contagion de la morve du cheval à l'homme : démonstration que Rayer eut la puissance d'imposer à tous les esprits, bien que, en grand nombre, ils y fussent récalcitrants. On sait la part considérable que prit Barthélemy aîné à la discussion que souleva la communication de Rayer, et combien sa parole éclatante mit en relief la section de médecine vétérinaire, bien que son orateur principal se fît le défenseur d'une erreur. J'ai raconté cet épisode, en 1872, dans la notice nécrologique que je vous ai lue à cette époque sur cet éminent confrère. M. Bouley jeune prit part, lui aussi, à cette discussion, mais dans un rang plus effacé. Bien que son élocution fût facile et qu'il eût la faculté d'exposer avec une très-grande clarté les questions dont il traitait, sa voix ne portait pas comme celle de Barthélemy; il n'avait pas non plus son geste, son attitude, cette chaleur de diction, ce quelque chose enfin de passionné qui auraient fait de l'ancien professeur d'Alfort un orateur de tribune, s'il eût été appelé à siéger dans nos assemblées politiques. A ce point de vue, la nature de M. Bouley jeune était absolument l'opposée de celle de Barthélemy : très-modeste, très-réservé, et même, à vrai dire, quelque peu craintif, devant une grande assemblée, il n'y prenait la parole qu'à son corps défendant et avec une émotion proportionnelle à sa défiance de lui-même. Dans cette discussion de la contagion de la morve du cheval à l'homme, il soutint, du reste, la même cause que Barthélemy, ne voyant que des analogies là où Rayer affirmait des similitudes, et opposant à l'opinion de la contagion l'immunité des vétérinaires et des hommes qui sont en rapport avec les chevaux, bien que cependant aucunes précautions ne fussent prises pour éviter les dangers. Comment si la contagion existait pour l'homme, n'aurait-elle pas donné plus souvent des preuves de sa redoutable énergie ? Ainsi raisonnait

M. Bouley jeune, d'accord en cela avec Barthélemy aîné, ne s'apercevant pas qu'ils arguaient contre Rayer de l'inclairvoyance des observateurs qui l'avaient précédé, et qu'en définitive, si les preuves multipliées de la contagion manquaient encore, c'était justement parce qu'on n'avait pas su les voir. Mais l'avenir, et un avenir trop prochain, devait bientôt porter témoignage, par de cruels exemples, que les immunités dont les vétérinaires paraissaient revêtus n'avaient rien de réel et qu'il n'y avait de vrai que la méconnaissance, par les observateurs, de la nature de certaines des maladies auxquelles leur profession les exposait.

En 1839, très-beau et très-savant rapport de M. Bouley jeune devant l'Académie de médecine sur le Mémoire de M. Delafond, ayant pour objet les *altérations essentielles du sang dans les principales espèces de nos animaux domestiques*. Ce rapport est élogieux, sans doute; mais son auteur avait le sens trop pratique pour accepter sans réserve et le néologisme que Delafond s'efforçait d'introduire dans le langage de notre pathologie, et sa doctrine trop absolue de l'essentialité des altérations qu'il décrivait. — On retrouve dans ce rapport M. Bouley jeune, avec son extrême modération et ce parfait esprit des convenances, qui lui permettaient de formuler de justes critiques sans que ceux auxquels il les adressait pussent en éprouver le moindre froissement.

Dans la longue querelle à laquelle la question de la contagion de la morve a donné lieu, 1840 marque le moment de l'apogée des anticontagionnistes. C'est à cette date, effectivement, que l'influence de leur doctrine se produit par un fait considérable : la réforme du casernement de notre cavalerie. Du moment que l'influence de la contagion était niée ou réduite, par ceux qui l'admettaient encore, à une part très-secondaire dans le développement de la morve et que, parmi les hommes compétents, le plus grand nombre tombaient d'accord pour affirmer que les causes principales, sinon exclusives, de cette maladie étaient « la mauvaise construction des quartiers de cavalerie, l'insalubrité des écuries, l'entassement des animaux et la viciation de l'air qui en est la conséquence; » le gouvernement devait être inévitablement conduit à entreprendre cette grande réforme, malgré les dépenses si considérables qu'elle devait entraîner. L'Académie de médecine, consultée par le ministre de la guerre, avait donné un avis favorable par l'organe de M. Bouley jeune, parlant au nom d'une Commission composée de Girard, Dupuy, Barthélemy, Adelon et Ch. Londe. Pour M. Bouley jeune, l'influence des causes qui viennent d'être rappelées est tellement évidente qu'il lui semble inutile d'entrer à ce sujet dans aucun détail. Du reste, c'était aussi l'opinion d'une autre Commission composée d'officiers généraux de cavalerie, du génie et de l'artillerie, que le ministre avait instituée pour l'étude spéciale de cette question, et qui avait conclu que « la morve, dans l'armée, dépendait surtout de *l'insalubrité des écuries et du défaut d'espace laissé à chaque animal.* »

La question de la contagion, dans le rapport de M. Bouley jeune, est reléguée à la fin, comme il convenait dans l'ordre d'importance qu'on y attachait alors.

Quelques lignes seulement lui sont consacrées : « La plupart des vétérinaires pensent, y est-il dit, que la morve chronique n'est pas transmissible ; quelques-uns, fort recommandables, professent, il est vrai, une opinion opposée, qu'ils étayent sur des faits de contagion plus ou moins bien observés. Il est donc impossible, quant à présent, de résoudre affirmativement ce point important de la science. » Mais M. Bouley jeune, avec cet esprit de sagesse qui l'inspirait d'habitude, n'hésite pas à conseiller à l'Académie d'inviter le ministre de la guerre, gardien des intérêts de l'État, à maintenir les règlements militaires concernant les maladies contagieuses.

En 1849, dans la discussion, qui devait être la dernière, dont la contagion de la morve a été l'objet devant la Société centrale de médecine vétérinaire, M. Bouley jeune a reproduit la manière de voir qu'il avait exposée dans son rapport de 1840, attribuant la part principale, dans l'étiologie de la morve, à l'influence des causes générales et communes, et restant dans le doute à l'endroit de la contagion à laquelle, paraît-il, il ne s'était pas encore tout à fait converti, malgré les expériences si concluantes de Lamirault, dont Riquet et Barthélemy venaient enfin de dévoiler les résultats, restés jusqu'à cette époque à peu près inconnus du public. Je crois bien que M. Bouley jeune n'a jamais, *in petto,* divorcé avec la doctrine de la non-contagion, sans que toutefois, dans la pratique, il se montrât conséquent avec ses principes. La loi, dont il était en tout le rigoureux observateur, lui a toujours été une sauvegarde contre leur application.

Comment se fait-il qu'un esprit aussi sagace ait persisté jusqu'au bout dans ce que nous devons bien avouer n'avoir été qu'une erreur? Influence d'abord de l'enseignement reçu et des idées inculquées par ses maîtres : Chabert, quoi qu'en ait dit Huzard sur la tombe du professeur Cézard, avait répudié, dès 1806, la doctrine qu'il avait professée toute sa vie. Il s'était laissé convertir par les expériences négatives de Godine jeune, de Chamontel et de Fromage de Feugré, et ce reniement du vieux maître avait fait sur ses élèves, qui alors étaient des croyants, une impression à laquelle quelques-uns d'entre eux n'ont pas su se soustraire plus tard. M. Bouley jeune était peut-être de ce nombre; et puis il faut bien dire qu'il a toujours été entretenu dans ses premières idées par un homme en qui il avait, à juste titre, une très-grande confiance, dont il prisait hautement le savoir et le caractère, et avec lequel il a vécu dans des rapports d'une très-étroite intimité : j'ai nommé M. Renault. Vous vous rappelez, Messieurs, comme, dans cette dernière lutte, M. Renault s'est fait, ici, contre Barthélemy, le champion fidèle de cette doctrine de la non-contagion, dont il avait été toute sa vie le zélé promoteur. Cette cause, qu'il avait faite sienne, il s'efforça de la défendre, on peut dire pied à pied, contre l'évidence de la démonstration dont Barthélemy puisait les éléments dans les expériences de Lamirault, qui étaient, je le répète, si concluantes, et qui auraient mis fin à de stériles controverses si elles eussent été plus tôt divulguées. Mais malgré la grande habileté dont il fit preuve, comme toujours, dans ce plaidoyer *pro domo sua*, M. Renault ne pouvait pas l'emporter, parce qu'il luttait contre ce qui, pour tout le monde, par la force même des choses, finissait par devenir l'évidence. Si M. Bouley jeune avait toujours penché vers les idées de M. Renault, l'argumentation si puissante de Barthélemy n'avait pas laissé que d'exercer sur lui son influence ; aussi déclara-t-il, dans les conclusions de son discours, « qu'il acceptait la contagion de la morve comme un fait qu'il lui paraissait impossible de rejeter, bien qu'il ne fût peut-être pas démontré jusqu'à l'évidence. » Toutefois, s'empressait-il d'ajouter immédiatement : « en l'admettant, je persiste à croire que, dans le plus grand nombre des cas, la contagion est étrangère au développement de la morve, qui, presque toujours, je le répète, naît sous l'influence des nombreuses causes que j'ai précédemment énumérées et décrites. »

On doit tenir grand compte à M. Bouley jeune de cette concession qu'il a su faire et qui, malgré ses réticences, renferme nécessairement l'aveu d'une erreur. Nous savons tous par notre personnelle expérience qu'on ne se dépouille pas facilement du vieil homme, c'est-à-dire des erreurs avec lesquelles on a vécu et qu'on a toujours considérées comme des vérités. M. Bouley jeune l'a fait dans cette circonstance, non sans un grand effort; mais l'acte est d'autant plus méritoire qu'il était plus difficile à accomplir.

Je n'irai pas plus avant dans l'examen des travaux cliniques de M. Bouley jeune, et je vais le considérer maintenant comme jurisconsulte, en m'abstenant toutefois de vous faire une analyse détaillée de ses nombreuses publications. Je ne veux envisager ici que l'ensemble de l'œuvre, et je me bornerai à caractériser par leurs traits principaux l'homme et ce qu'il a produit.

On peut dire que M. Bouley jeune avait toutes les qualités, j'allais dire toutes les vertus nécessaires pour être le conseiller de la justice, recevoir ses délégations et remplir le rôle complexe qu'elles comportent. Il était le *vir probus*, dans toute l'acception du mot; et au service de son honnêteté il avait un jugement sûr, un sentiment profond de l'équité, et un esprit conciliant, grâce auquel il réussissait, dans la plupart des cas, à établir l'accord entre les parties dont les intérêts lui étaient confiés.

Nul plus et mieux que lui n'a compris tout ce qu'il y avait d'important et de délicat dans le rôle de l'expert. Il savait qu'à ce titre il devait suppléer à l'incompétence inévitable des magistrats dans les questions techniques; que la force même des choses les mettait dans l'obligation de voir par ses yeux, de discerner par son esprit, et que conséquemment ils lui étaient, dans une certaine mesure, subordonnés, puisque leur jugement devait presque nécessairement s'inspirer du sien. Aussi avec quel scrupule, quel véritable souci de bien faire s'efforçait-il de s'acquitter de sa mission! S'agissait-il d'un vice rédhibitoire sur l'existence duquel il avait à se prononcer, il y revenait à plusieurs fois, le jour et la nuit, la nuit surtout lorsque la manifestation du vice ne pouvait être bien reconnue que dans le calme et le silence. Les choses pouvaient-elles donner prise au doute, il ne s'en rapportait plus à lui exclusivement; il demandait, il sollicitait l'avis de ceux de ses confrères en qui il avait confiance, et, pour lui donner pleine satisfaction, il fallait y mettre le temps, car il ne vous tenait pas quitte à moins qu'on ne se fût livré avec lui à un examen prolongé. Même scrupule, ou plutôt scrupule plus grand encore si c'était possible, lorsqu'il s'agissait des autopsies. Rien n'était négligé par lui de ce qui pouvait éclairer la justice et servir de base, le cas échéant, à un examen contradictoire. Pour éclairer la religion des juges, comme il avait coutume de le dire, il ne se contentait pas de simples affirmations; il tâchait de laisser dans ses procès-verbaux la trace de ce qu'il avait vu, afin que les experts qui pouvaient venir après lui eussent les éléments nécessaires pour apprécier si ses conclusions étaient justes ou entachées d'erreur. Des erreurs il en a commis sans doute, mais je ne crois pas me tromper en disant qu'elles ont bien moins dépendu de lui-même que de l'état de la science à l'époque où il formulait ses appréciations. Avant que Dupuy eût donné la démonstration expérimentale de la rapidité avec laquelle se constituaient les fausses membranes des plèvres, leur quantité même impliquait l'idée qu'un long temps était nécessaire pour leur formation; et plus d'un expert a égaré les juges en leur faisant partager cette manière de voir. De même pour les abcès pulmonaires, dont la formation ne semblait pas possible dans le court espace de quelques jours. Mais M. Bouley jeune était trop loyal pour s'obstiner dans une opinion quand elle lui était démontrée erronée. Nul plus que lui n'était en quête du vrai et ne s'empressait de s'y conformer, quand il l'avait trouvé.

Le rôle d'arbitre était bien dans la nature de M. Bouley jeune; à vrai dire, il y excellait et ce lui était toujours une grande satisfaction de le remplir. Il instruisait les affaires commises à ses soins de manière que, autant que possible, rien de la vérité ne pût lui échapper. Écoutant les témoins avec une attention qui ne savait pas se lasser; enregistrant leurs dires de cette petite écriture ronde et lente qui lui donnait le temps de la réflexion; débattant le pour et le contre, et s'efforçant d'amener les parties à conciliation, ce à quoi il réussissait presque toujours, tant on avait de confiance dans son jugement honnête et sûr. Mais heureusement qu'il s'est rencontré des plaideurs récalcitrants qui l'ont mis dans la nécessité de porter devant les tribunaux, dont il tenait sa mission, les affaires qu'il avait instruites comme arbitre, et c'est à cela que nous devons ces rapports lumineux, qu'il a fait connaître par la voie du *Recueil* et dans lesquels se trouvent examinées, discutées et remarquablement éclaircies des questions de différents ordres : accidents dont les chevaux loués peuvent être victimes et responsabilité qu'ils entraînent ; responsabilité des chemins de fer pour les animaux transportés : chevaux ou bêtes de boucherie; intercurrence de maladies aiguës et d'accidents mortels pendant l'instance pour vices rédhibitoires : toutes ces questions ont été pour M. Bouley jeune l'occasion de rapports que l'on peut considérer comme des modèles à tous les points de vue ; méthode dans la division des matières; clarté dans l'exposition ; juste mesure dans les développements ; justesse dans les conclusions : tout s'y trouve. Les juges avaient toujours ces rapports en haute estime parce qu'ils jetaient une pleine lumière sur les questions litigieuses, et qu'ils avaient une confiance assurée qu'ils ne pouvaient pas s'égarer en les prenant pour assises de leurs jugements.

Nous devons encore à M. Bouley jeune un grand nombre d'articles que l'on peut considérer comme des commentaires de la loi du 20 mai 1838, qu'il avait contribué à préparer comme membre de la Commission à laquelle le gouvernement avait confié le soin de son élaboration. Ce rôle qu'il avait rempli faisait que M. Bouley jeune considérait la loi du 20 mai comme étant en partie son œuvre et qu'il était soucieux de son interprétation toutes les fois que survenaient quelques difficultés dans son application, résultant de ce que ses termes pouvaient avoir d'ambigu ou d'obscur. De là, comme je le disais tout à l'heure, ses commentaires sur l'*action rédhibitoire et les délais dans lesquels elle doit être intentée; sur l'esprit de la loi et son application; sur la prestation de serment; sur la morve et le farcin considérés comme maladies rédhibitoires et contagieuses; sur la désignation nominative du vice; sur l'article 7 de la loi, relatif à la clavelée et au sang de rate,* etc.

Je me borne à cette énumération. Sur tous les points obscurs M. Bouley jeune a porté les clartés de son esprit. C'était un rôle comme paternel qu'il remplissait, quand il tâchait que la loi à laquelle il avait collaboré fût la moins imparfaite possible dans ses applications.

M. Bouley jeune appartenait à l'Académie de médecine depuis 1823, c'est-à-dire depuis sa fondation; et c'est à l'*élection* qu'il devait, comme il le souligne dans ses Notes, d'avoir été appelé à cette haute situation. Le premier groupe nommé directement par le roi Louis XVIII avait reçu, en effet, la mission d'élire les autres membres qui devaient constituer l'Académie. C'est au professeur Dupuy que notre profession est redevable d'avoir été représentée dans ce corps d'élite, à une époque où l'on pouvait craindre que les préjugés ne lui en fermassent l'accès. Le temps, en effet, n'était pas encore bien éloigné où les chirurgiens, c'est-à-dire, pour les médecins, les manouvriers de l'art médical, étaient considérés comme d'ordre inférieur par rapport à ceux-ci qui avaient eu longtemps sur eux droit de préséance dans la hiérarchie sociale. Combien ne devait-on pas redouter que ce sentiment, à peine éteint, ne se ravivât contre les médecins des bêtes, et ne leur fît fermer la porte de la docte assemblée ! Heureusement que lorsque Dupuy obtint, par l'intermédiaire du premier chirurgien du roi, Dupuytren, avec lequel il était lié jusqu'au tutoiement, qu'une section de l'Académie fût réservée à la médecine vétérinaire, heureusement, disais-je, qu'il y avait déjà dans nos rangs un groupe d'hommes tous prêts à donner la preuve que la profession vétérinaire était mûre pour cet honneur; c'étaient Huzard père, Girard, Dupuy, Narcisse Girard, Desplas, Barthélemy aîné et M. Bouley jeune.

M. Bouley jeune considérait comme un des grands honneurs de sa vie, le plus grand peut-être, d'avoir été élu membre de l'Académie de médecine. Il avait pour elle une grande vénération, dont il témoignait par son langage et par sa tenue. Il aurait cru lui manquer, s'il s'était présenté à ses séances autrement qu'en habit : c'est là un petit détail, mais qui est un trait de caractère. Il y jouissait d'une très-grande considération, qu'il avait su s'acquérir par la dignité de sa vie et par ses rapports de parfaites convenances avec ses collègues. Sa politesse exquise, son esprit orné par la lecture assidue des bons auteurs, son érudition scientifique lui permettaient de marcher de pair avec eux, et il avait su mériter l'estime de tous et l'affection d'un grand nombre. Son rôle scientifique y a été important : j'ai rappelé plus haut ses communications sur l'empoisonnement par l'arsenic, sur l'introduction de l'air dans les veines; la part qu'il prit à la discussion sur la contagion de la morve à l'homme; son rapport sur la réforme du casernement, sur les maladies déterminées par les altérations du sang. Les *Bulletins* et *Mémoires* de l'Académie en contiennent d'autres encore, mais il est inutile d'insister. Ce que je viens de dire suffit pour donner une idée de la part considérable que M. Bouley jeune a prise aux travaux de l'Académie.

En 1844, la Société centrale de médecine vétérinaire fut fondée par l'initiative d'un groupe des vétérinaires de Paris, associés aux membres de l'École d'Alfort, et, on doit bien le dire pour rendre justice à qui de droit, grâce surtout à l'action énergique et persévérante de M. U. Leblanc qui, depuis longtemps déjà, poussait à la réalisation de cette entreprise, et, pour prouver qu'elle était possible, avait fini par réussir à la constituer en groupant autour de lui ceux de ses confrères de Paris qui s'étaient ralliés à ses idées.

M. Bouley jeune faisait partie des fondateurs de la Société centrale; il était un de ses membres les plus influents; il en devint un des membres les plus actifs. — Pendant les dix années qu'il a vécu, après sa fondation, ses *Bulletins* sont, on peut le dire, tous pleins de sa présence. Il a pris part à toutes ses discussions importantes : sur la ferrure podométrique, sur les vices rédhibitoires, sur la morve; de nombreux rapports, des communications particulières sur des faits cliniques ou sur les difficultés de la jurisprudence portent témoignage de son activité dans notre Société dont il eut l'honneur d'être le président en 1847.

Je m'abstiens, Messieurs, d'une plus longue analyse qui ne pourrait me conduire qu'à des répétitions. M. Bouley jeune a été à la Société vétérinaire ce qu'il était partout : l'homme du devoir. Rapporteur des travaux qui étaient soumis à votre appréciation, il mettait une exactitude scrupuleuse à en rendre un compte fidèle, heureux des éloges qu'il pouvait donner, toujours modéré et contenu dans ses critiques; ses communications de clinique et de jurisprudence portent le caractère de tous ses écrits : la méthode, la correction, la sobriété des développements, la justesse des appréciations. Dans les discussions, il restait toujours l'homme des convenances parfaites. Plein de réserve, il ne cherchait jamais à imposer son opinion; mais il réussissait souvent à la faire partager par la manière judicieuse et toujours bienveillante dont il savait la présenter.

C'est à ces qualités qu'il a dû d'être souvent appelé en consultation par ses confrères de Paris et des pays environnants. Ils étaient sûrs de trouver en lui le conseiller dont la science, comme l'habileté, leur était, autant que possible, une garantie d'éviter l'erreur; ils avaient de plus une entière confiance dans sa discrétion à l'endroit des fautes qui avaient pu être commises et une pleine assurance qu'il saurait assez les dissimuler pour qu'elles ne leur devinssent pas préjudiciables.

En dehors des occupations que lui donnait sa clientèle si étendue, M. Bouley jeune a eu à remplir des fonctions multiples auxquelles il savait suffire par son activité qui était tout à fait hors de la mesure commune.

De 1816 à 1822, M. Bouley jeune a été membre des jurys des concours qui ont été ouverts à l'École d'Alfort pour les places de professeurs.

En 1831, une décision ministérielle l'adjoignait aux commissaires experts chargés de prononcer dans les contestations en matière de douane.

En 1836, M. Bouley jeune fut appelé à faire partie d'une Commission nommée au ministère de la guerre, pour apprécier l'efficacité du traitement préconisé contre la morve, par M. Galy, pharmacien, qui croyait réussir à dissoudre les tubercules dans les poumons, comme le carbonate de chaux dans une éprouvette, à l'aide de l'acide hydrochlorique.

En 1836 encore, M. Bouley jeune est nommé, par le ministre de l'agriculture et du commerce, membre de la Commission chargée d'indiquer les modifications que réclame la législation sur l'action rédhibitoire dans le commerce des animaux domestiques.

En 1843, une Commission spéciale fut instituée, sous le ministère de M. Cunin-Gridaine, pour préparer un projet de loi sur l'exercice de la médecine vétérinaire; et M. Bouley jeune fut désigné pour en faire partie, de concert avec MM. Yvart et Renault, sous la présidence de M. le comte de Gasparin.

En 1848, la question de la production chevaline en France est mise à l'étude. Une Commission est instituée à cet effet et M. Bouley jeune est appelé à en faire partie.

Cette même année, il fut également nommé membre, sous le ministère de M. Bethmont, d'une autre Commission chargée d'examiner l'état de la législation qui régit l'enseignement et l'exercice de l'art vétérinaire et de proposer les modifications qu'il pouvait convenir d'y apporter.

En 1849, M. Lanjuinais, ministre de l'agriculture, institua un Conseil de perfectionnement des Écoles vétérinaires, dont M. Bouley jeune fut appelé à faire partie.

De même, pour le Conseil des haras, institué en 1850 par M. Dumas.

En 1851, la mort de Barthélemy aîné ayant laissé une place vacante dans la Commission d'hygiène hippique, instituée près le ministère de la guerre, M. Bouley jeune a été appelé à le remplacer, sur la proposition qu'en avait faite Magendie, président de cette Commission.

Cette même année, M. Buffet, ministre de l'agriculture, le nommait membre de la Commission des courses.

En outre, jusqu'en 1854, M. Bouley jeune est resté membre du Conseil d'hygiène de son arrondissement.

Joignez à cela les expertises et les arbitrages que lui confiaient le tribunal de première instance de la Seine, le tribunal de commerce et les juges de paix des V⁰, VIᵉ, VIIᵉ, VIIIᵉ et IXᵉ arrondissements de Paris, et vous pourrez vous faire une idée de la multiplicité de ses occupations. Et cependant il avait su résoudre le problème d'être présent partout où l'appelait une fonction à remplir, c'est-à-dire un devoir, et cela avec une rigueur d'exactitude qui était devenue proverbiale, comme l'a dit M. Renault avec beaucoup de justesse.

Les devoirs de la vie sociale étaient accomplis par lui avec le même scrupule, et il trouvait le temps de suffire aux mille et une obligations qu'ils imposent, dans une ville comme Paris, où les relations sont si nombreuses et souvent si exigeantes.

M. Bouley jeune était membre de l'Académie d'*histoire naturelle et des sciences de la Louisiane,* de la *Regia Accademia agraria* de Turin, et membre honoraire de l'Académie de médecine de Belgique, etc.

En 1847, il fut nommé chevalier de la Légion d'honneur sous le ministère de M. Cunin-Gridaine.

Messieurs, je viens de vous rappeler la vie scientifique et professionnelle de M. Bouley jeune; je n'ajoute plus que quelques traits pour achever de vous le faire connaître.

M. Bouley jeune a vécu presque toute sa vie dans un milieu scientifique et littéraire. Il aimait les sciences, les arts, la littérature surtout et, dans sa maison de la rue de Normandie, outre un certain nombre de notabilités de notre monde professionnel, parmi lesquelles l'École d'Alfort, pour lui l'*alma Mater*, comptait pour une part principale, il avait groupé autour de lui quelques représentants de l'Université, du barreau et de l'armée, quelques écrivains, quelques littérateurs. Les discussions auxquelles on se livrait dans ces réunions lui étaient une distraction de ses fatigues professionnelles, en même temps qu'un stimulant pour son esprit et une source toujours ravivée où il puisait les éléments de sa propre instruction sur toutes les choses de la vie sociale, dont les causeries intelligentes sont le meilleur mode d'enseignement. M. Renault excellait dans ces conversations animées, où les questions des réformes politiques, religieuses, littéraires et même sociales étaient souvent en cause. M. Bouley jeune y apportait cet esprit de sage mesure qui était une des caractéristiques de sa nature, et il opposait ses calmes et judicieuses réflexions aux emportements des jeunes qui, volontiers, faisaient table rase du passé et traitaient avec l'irrévérence que l'on sait ses plus glorieux représentants. Il prédisait avec une grande sûreté de jugement que les classiques, tant honnis à une certaine époque, retrouveraient leurs jours de triomphe lorsqu'il se rencontrerait des artistes inspirés pour les interpréter, et l'événement, on le sait, ne tarda pas à lui donner raison.

Mais s'il ne se laissait pas emporter par le mouvement, pour lui, trop rapide de la vivante époque à laquelle le règne de Louis-Philippe donnera son nom, il savait y céder dans une juste mesure; il appartenait à cette bourgeoisie intelligente et libérale qui voulait que la grande œuvre de la Révolution restât acquise au pays et que le mouvement qu'elle avait imprimé se continuât sans violence, mais sans arrêt.

C'est dans cet esprit qu'il a toujours conduit sa vie politique.

Les questions techniques avaient leurs heures, on le pense bien, dans les discussions de la rue de Normandie.

Quand une affaire litigieuse, soumise à l'arbitrage de M. Bouley jeune, était l'objet de ses préoccupations, il aimait à la faire examiner dans le cercle de son entourage et à se donner ainsi la garantie des avis concordants qui venaient s'associer au sien. De même pour les difficultés que soulevait l'interprétation de la loi. De même encore pour toutes les questions de médecine, celle de contagion surtout et tout particulièrement celle de la contagion de la morve.

Je me rappelle avoir vu plus d'une fois M. Dupuy, *tout plein de ses tubercules,* venir exposer ses doctrines avec un luxe de développements et une tenacité redoutables qui mettaient à une dure épreuve la patience de ses auditeurs. A défaut du maître de la maison qui parvenait à lui échapper, grâce à ses occupations, c'était à la maîtresse qu'il s'adressait; et celle-ci, par égard pour le vieux savant, se prêtait avec une complaisance exquise au rôle muet qu'il lui infligeait, ayant l'air d'écouter, marquant son attention apparente par quelques signes approbatifs, et donnant ainsi au vieillard l'illusion que ses opinions étaient partagées.

Heureusement que M. Dupuy était une exception et que Mme Bouley avait à remplir dans les réunions de la rue de Normandie un autre rôle que celui d'un auditeur muet et résigné. Ces réunions, elle leur donnait le charme de sa présence; elle les animait de son esprit cultivé, fécond en ressources, quelque peu malicieux, mais sans que jamais les traits qui s'en détachaient allassent au-delà de l'épiderme de ceux sur lesquels ils tombaient. Elle s'accommodait merveilleusement aux conversations, quelle qu'en fût la nature, disant son mot à propos dans les choses où elle se sentait de la compétence et sachant, avec un tact sûr, imprimer aux idées le cours qu'elle voulait, quand il lui paraissait nécessaire d'interrompre un discours qui menaçait d'être long, ou de tempérer des esprits trop animés par la discussion.

Mme Bouley, fille d'un de ces maréchaux lettrés, comme il y en avait, dans la maîtrise, avant la fondation des Écoles, était tout autant jalouse que son mari de la dignité de la profession vétérinaire, et, dans ses rapports de tous les jours avec la haute clientèle du Marais, elle n'a pas peu contribué par la distinction de ses manières, comme par le charme de son esprit, à la rehausser dans la considération de ce public d'élite. Elle avait une juste et légitime fierté de la situation que M. Bouley jeune s'était acquise et de cette grande estime publique dont il était entouré, et ce sentiment qu'elle savait si bien exprimer n'a pas peu contribué, je lui dois ce témoignage, à me stimuler au travail lorsque je dus entrer à l'École d'Alfort, après les longs ennuis que j'avais tout particulièrement éprouvés pendant l'incarcération du collége. Elle voulait qu'on demeurât fidèle à l'honneur du nom.

Si j'y ai réussi, c'est à ses inspirations que je le dois.

M. Bouley est mort, le 11 février 1855, à l'âge de soixante-huit ans, encore tout plein de sa force et la manifestant toujours par cette étonnante activité dont il faisait preuve depuis près d'un demi-siècle. A cet âge, qui pour le plus grand nombre est déjà la vieillesse véritable, il suffisait seul aux exigences, même chirurgicales, de sa grande clientèle.

Il n'eut pas le temps de mettre entre la mort et la période de la grande activité de sa vie cet intervalle de repos que les philosophes chrétiens disent être nécessaire pour qu'on puisse se préparer à bien mourir. Mais M. Bouley jeune n'avait pas besoin de cette préparation : esclave du devoir, comme il l'avait été toute sa vie, il pouvait voir venir sa dernière heure sans aucune crainte, car il n'avait rien à redouter dans son passé pour cet avenir dont son esprit religieux avait pu lui faire concevoir l'espérance.

N'avait-il pas pour lui, du reste, tout ce long tissu d'actions charitables dont

MM. Renault et Reynal vous ont divulgué le secret sur sa tombe.

Messieurs, peut-être que ce récit, que je viens d'essayer de vous tracer, de la vie de M. Bouley jeune paraîtra empreint de quelque exagération à ceux de mes auditeurs qui ne l'ont pas connu; peut-être penseront-ils que les illusions de l'amour filial m'ont fait voir les choses sous un jour plus beau qu'il n'était dans la réalité : il n'en est rien cependant, Messieurs, j'en prends à témoin tous ceux qui ont pu connaître M. Bouley et le voir à son œuvre. Je n'ai été que narrateur fidèle d'une vie qui fut exemplaire, et si mon récit peut paraître exagéré, ce n'est que parce qu'il est l'expression de la pure vérité.

<blockquote>Nul n'a laissé plus pur le nom qu'il a porté :</blockquote>

Voilà l'épitaphe qui aurait pu être inscrite sur sa tombe et à laquelle l'opinion publique aurait donné un complet assentiment.

INDEX BIBLIOGRAPHIQUE

M. Bouley jeune a publié :

I

MÉMOIRES ET OBSERVATIONS DE MÉDECINE ET DE CHIRURGIE

1º Concrétions chŏroïdiennes du cerveau dans le cheval.
   In *Nouvelle Bibliothèque médicale*, 1823.

2º Observations pathologiques à l'appui des expériences de MM. Bell et Magendie sur les usages et les fonctions de certaines parties du système nerveux.
   In *Recueil de médecine vétérinaire*, 1re année, 1824.

3º Observation sur une amaurose déterminée par une indigestion vertigineuse.
   In *Recueil de médecine vétérinaire*, 1824.

4º Note sur l'emploi du chlorure de soude dans le traitement des tumeurs gangréneuses.
   In *Recueil de médecine vétérinaire*, 1825.

5° Étranglements internes par torsion et invagination du cœcum dans le côlon.
   In *Recueil de médecine vétérinaire*, 1826.

6° Observations relatives à un Mémoire de MM. Rigot et Trousseau sur quelques altérations qu'éprouvent après la mort les vaisseaux sanguins.
   In *Recueil de médecine vétérinaire*, 1827.

7° Rupture des ligaments capsulaires et interosseux du genou, compliquée d'une altération remarquable des cartilages diarthrodiaux.
   In *Recueil de médecine vétérinaire*, 1828.

8° Observations sur les maladies de l'ovaire dans la jument.
   In *Recueil de médecine vétérinaire*, 1828.

9° Mémoire sur les maladies de la moelle épinière et de ses enveloppes.
   In *Recueil de médecine vétérinaire*, 1829 et 1830.

10° Claudication intermittente des membres postérieurs, déterminée par l'oblitération des artères fémorales.
    In *Recueil de médecine vétérinaire*, 1831.

11° Quelques cas d'une claudication remarquable simulant la fracture du tibia et occasionnée par la déchirure de la corde tendineuse du muscle tibio-prémétatarsien.
    In *Recueil de médecine vétérinaire*, 1833.

12° Deux faits remarquables de paraplégie observés sur le cheval.
    In *Recueil de médecine vétérinaire*, 1833.

13° Empoisonnement de sept chevaux par l'arséniate de potasse. — Note communiquée à l'Académie royale de médecine dans sa séance du 21 octobre 1834.

In *Recueil de médecine vétérinaire*, 1834.

14° Introduction accidentelle de l'air dans la veine jugulaire gauche d'une jument immédiatement après une saignée pratiquée sur ce vaisseau. Mort foudroyante sept ou huit minutes après l'opération. — Observation communiquée à l'Académie de médecine dans sa séance du 19 janvier 1839.

In *Recueil de médecine vétérinaire*, 1839.

15° Synovite sésamoïdienne rhumatismale observée sur le cheval à la suite de la pleurésie.

In *Recueil de médecine vétérinaire*, 1840.

16° Introduction accidentelle de l'air dans la jugulaire gauche, immédiatement après une saignée pratiquée sur cette veine. Mort sept heures après l'opération. — Communiquée à l'Académie de médecine dans sa séance du 27 octobre 1840.

In *Recueil de médecine vétérinaire*, 1841.

17° Perforation de la vessie par une tumeur osseuse de la symphyse pubienne; épanchement de l'urine dans la cavité abdominale; péritonite consécutive; entérorrhagie passive; diarrhée noire et fétide; mort le douzième jour de la maladie. — Observation recueillie par M. Gaspard Barthélemy et publiée par M. Bouley jeune.

In *Recueil de médecine vétérinaire*, 1842.

II

JURISPRUDENCE ET MÉDECINE LÉGALE

1° Question médico-légale : Un cheval chez lequel les testicules n'ont acquis que le cinquième environ de leur développement normal, *vendu et garanti cheval entier,* doit-il être considéré comme tel ?

In *Recueil de médecine vétérinaire*, 1832.

2° Lettres sur les variations de jurisprudence du Tribunal de commerce de Paris.

In *Recueil de médecine vétérinaire*, 1832.

3° Note sur un arrêt de la Cour de cassation relatif au délai dans lequel doit être intentée l'action rédhibitoire.

In *Recueil de médecine vétérinaire*, 1833.

4° Location d'une paire de chevaux. Fracture de jambe, conséquence d'un coup de pied donné par l'un des chevaux à l'autre. Le locataire est-il responsable ? — Rapport sur cette question au Tribunal de commerce de la Seine.

In *Recueil de médecine vétérinaire*, 1834.

5° Quelques réflexions touchant la troisième édition du Traité de M. Huzard fils sur la garantie et les vices rédhibitoires dans le commerce des animaux domestiques.

In *Recueil de médecine vétérinaire*, 1834.

6º Encore quelques mots touchant l'*action rédhibitoire* et le délai dans lequel elle doit être intentée.

In *Recueil de médecine vétérinaire*, 1835.

7º Quelques mots touchant la loi du 20 mai 1838; son esprit et son application, suivis d'un arrêt relatif à la prestation de serment, récemment rendu par la Cour royale de Rouen.

In *Recueil de médecine vétérinaire*, 1843.

8º Quelques mots à l'occasion d'un jugement et d'un arrêt récemment rendus, touchant la morve et le farcin, considérés comme maladies rédhibitoires et contagieuses.

In *Recueil de médecine vetérinaire*, 1844.

9º Du transport des bestiaux destinés à la boucherie par les chemins de fer. Accident. — Rapport au Tribunal consulaire de la Seine.

In *Recueil de médecine vétérinaire*, 1848.

10º Du transport des chevaux par les chemins de fer. Accident sur un cheval de très-grande valeur. — Rapport au Tribunal consulaire de la Seine. Jugement.

In *Recueil de médecine vétérinaire*, 1848.

11º Transport de chevaux par les chemins de fer. Accident. Mort. Question de responsabilité. — Rapport au Tribunal consulaire de la Seine.

In *Recueil de médecine vétérinaire*, 1851.

12º Rapport fait à la Société centrale de médecine vétérinaire sur la question de savoir si la pousse à un faible degré, chez un vieux cheval de peu de valeur, bien qu'elle ne puisse nuire en rien au service qu'on est en droit d'en attendre, doit être considérée par l'expert comme un vice rédhibitoire. Réponse affirmative.

In *Recueil de médecine vétérinaire*, 1851.

13° Communication faite à la Société centrale de médecine vétérinaire sur le *sang de rate* considéré comme vice rédhibitoire. — Interprétation de la loi du 20 mai 1838.

In *Recueil de médecine vétérinaire*, 1851.

14° Rapport fait à la Société centrale de médecine vétérinaire sur la pommelière ou phthisie tuberculeuse du gros bétail, envisagée sous le point de vue rédhibitoire. (Mémoire de M. Bréard.)

In *Recueil de médecine vétérinaire*, 1852.

15° Communication à la Société vétérinaire, relative à la constatation de l'existence d'un vice rédhibitoire, après l'intervention d'une maladie aiguë susceptible de donner lieu à la manifestation de ce vice.

In *Bulletin de la Société centrale de médecine vétérinaire (Recueil de médecine vétérinaire*, 1853).

16° Rapport d'arbitrage adressé au Tribunal de commerce de la Seine dans un cas de contestation où il s'agit d'un cheval supposé poussif et qui, *durant l'instance arbitrale*, a été frappé d'un accident mortel, une hernie étranglée.

In *Recueil de médecine vétérinaire*, 1854.

17° Cas d'immobilité observé dans les paroxysmes d'une affection cérébrale aiguë. — Rapport au

Tribunal de commerce du département de la Seine.

In *Recueil de médecine vétérinaire*, 1855.

III

RAPPORTS SANITAIRES

1° Farcin et morve (causes : contagion). — Rapport à M. le colonel du 3ᵉ régiment de dragons.

In *Recueil de médecine vétérinaire*, 1833.

2° De l'état sanitaire des troupeaux de cerfs et de daims de l'ancien domaine royal du Raincy. — Mémoire sous la forme de rapport sur les causes de la mortalité qui y a régné (en collaboration avec M. Renault).

In *Recueil de médecine vétérinaire*, 1848.

3° Influence de l'alimentation panaire sur le développement de la morve. — Communication faite à la Société centrale de médecine vétérinaire en 1849.

In *Recueil de médecine vétérinaire*, 1849.

IV

RAPPORTS ET DISCOURS A L'ACADÉMIE DE MÉDECINE ET A LA SOCIÉTÉ CENTRALE DE MÉDECINE VÉTÉRINAIRE.

1° Notice nécrologique sur François-Narcisse Girard, professeur à l'École d'Alfort, membre de l'Académie de médecine.
   In *Recueil de médecine vétérinaire*, 1825.

2° Expériences constatant l'efficacité de l'hydrate de peroxyde de fer comme antidote de l'arsenic. — Rapport fait à ce sujet à l'Académie royale de médecine dans sa séance du 3 mars 1835.
   In *Recueil de médecine vétérinaire*, 1835.

3° Discours sur la contagion de la morve du cheval à l'homme, prononcé dans la séance du 7 mars 1837.
   In *Recueil de médecine vétérinaire*, 1837.

4° Nouveau procédé pour guérir quelques claudications des chevaux. — Nouvelle méthode pour guérir la fourbure des chevaux.— Rapports faits à l'Académie royale de médecine sur deux Mémoires de M. de Nanzio, directeur de l'École royale vétérinaire de Naples.
   In *Recueil de médecine vétérinaire*, 1837.

5° Observations d'introduction de l'air dans les

veines, communiquées à l'Académie de médecine en 1837.

    In *Recueil de médecine vétérinaire*, 1837.

6° Observations soumises à l'Académie royale de médecine par M. Viramond, vétérinaire à Narbonne, sur le procédé de M. de Nanzio, dans le traitement des anciennes claudications chez les solipèdes. — Rapport fait dans sa séance du 28 mai 1839.

    In *Recueil de médecine vétérinaire*, 1839.

7° Discours sur la contagion de la morve du cheval à l'homme, prononcé dans la séance de l'Académie de médecine du 16 octobre 1838.

    In *Recueil de médecine vétérinaire*, 1839.

8° Mémoire sur les altérations essentielles du sang dans les principales espèces d'animaux domestiques, par M. Delafond. — Rapport fait à l'Académie de médecine dans sa séance du 2 juillet 1839.

9° Ossification complète de l'oreillette droite, compliquée d'une hypertrophie du cœur, observée sur un cheval par M. Gaspard Barthélemy, vétérinaire à Paris, et communiquée à l'Académie royale de médecine dans sa séance du 18 août 1840 par M. Bouley jeune.

10° Rapport touchant les causes générales de la morve dans nos régiments de cavalerie et les moyens d'y remédier. (Commissaires : MM. Girard, Dupuy, Barthélemy, Adelon, Ch. Londe et Bouley jeune, rapporteur. — Séance du 17 mars 1840).

In *Recueil de médecine vétérinaire*, 1840.

11° Rapport sur les titres de divers candidats aux places de correspondants nationaux et étrangers de la Société centrale de médecine vétérinaire.

In *Bulletin de la Société centrale de médecine vétérinaire (Recueil de médecine vétérinaire*, 1845).

12° Discours sur la ferrure podométrique.

In *Bulletin de la Société centrale de médecine vétérinaire (Recueil de médecine vétérinaire*, 1845).

13° Rapport à la Société centrale de médecine vétérinaire sur un Mémoire de M. Goubaux : *Sur la rupture du diaphragme et les hernies diaphragmatiques chez le cheval.*

In *Bulletin de la Société centrale de médecine vétérinaire (Recueil de médecine vétérinaire*, 1846).

14° Communication à la Société centrale de médecine vétérinaire sur la rupture de la corde du tibio-prémétatarsien.

In *Bulletin de la Société centrale de médecine vétérinaire (Recueil de médecine vétérinaire*, 1846).

15° Rapport fait à la Société centrale de médecine vétérinaire sur divers Mémoires qui lui ont été adressés dans le courant de l'année 1846. — Lu à la séance solennelle de 1846.

In *Bulletin de la Société centrale de médecine vétérinaire (Recueil de médecine vétérinaire*, 1846).

16° Rapport fait à la Société centrale de médecine

vétérinaire sur un Mémoire de M. Agry, relatif à la morve et à la pleuro-pneumonie.

In *Bulletin de la Société centrale de médecine vétérinaire (Recueil de médecine vétérinaire,* 1848).

17° Rapport fait à la Société centrale de médecine vétérinaire sur un cas de ligature de la veine jugulaire. — Observation communiquée par M. Valtat. Discussion consécutive.

In *Recueil de médecine vétérinaire,* 1848.

18° Discours dans la discussion sur la contagion de la morve devant la Société centrale de médecine vétérinaire.

In *Bulletin de la Société centrale de médecine vétérinaire (Recueil de médecine vétérinaire,* 1849).

19° Rapport fait à l'Académie de médecine sur un Mémoire de M. U. Leblanc, ayant pour titre : *De la valeur et de l'opportunité des débridements considérés comme moyen curatif des fistules qui accompagnent la phlébite ulcérative ou suppurative de la jugulaire chez le cheval.*

In *Recueil de médecine vétérinaire,* 1850.

Imprimé a Évreux par Charles Hérissey

le 21 mars 1876

Pour M. Henri Bouley

www.ingramcontent.com/pod-product-compliance
Lightning Source LLC
LaVergne TN
LVHW050622090426
835512LV00008B/1619